Afiavi-Isis d'Almeida

L'ESPAGNOL POUR LES PROFESSIONNELS DE L'HOTELLERIE

Manuel didactique dédié
aux professionnels de l'hôtellerie

Amazon Fulfillment
Kindle Direct Publishing

« *L'écriture du moi est une écriture du dépouillement,*
de l'attraction du monde, de la singularité ondoyante. »
Fernando d'Almeida

Reployé sur l'étude de l'espagnol des affaires pour les professionnels de l'hôtellerie, le présent manuel se veut très sommaire et didactique. C'est le lieu pour moi de présenter de manière non exhaustive un répertoire hôtelier espagnol qui guidera pas à pas le lecteur ou l'apprenant à la langue espagnole. Une autre manière d'acquérir la langue au moyen des jeux de rôles interactifs ! Hablamos español ¿y ustedes?

TABLE DES MATIERES

CHAPITRE 2 :
PREREQUIS SUR LA LANGUE ESPAGNOLE POUR PROFESSIONNELS DE L'HOTELLERIE

CHAPITRE 3 :
REPERTOIRE NON EXHAUSTIF HOTELIER ET SA TRADUCTION EN ESPAGNOL

CHAPITRE 4 :
SITUATIONS COMMUNICATIONNELLES INTERACTIVES
AVEC LE CLIENT

9

LISTE DES TABLEAUX

LISTE DES IMAGES ILLUSTRANT LES ACTEURS HOTELIERS

Source : *@shutterstock.com*

LISTE DES IMAGES EDUCATIVES

LISTE DES ABREVIATIONS

L1 : Langue première ou langue maternelle

L2 : Langue seconde d'apprentissage

LM : Langue Maternelle

INTRODUCTION

Dans une optique didactique, pédagogique mais aussi informative, ce manuel est rédigé pour permettre aux professionnels de l'hôtellerie d'acquérir avec aisance des connaissances basiques en langue espagnole. Cette édition première permettra aux lecteurs de développer un vocabulaire spécifique à leur métier, de maîtriser de nombreuses expressions et surtout d'acquérir une réelle aisance communicationnelle et orale en espagnol.

Ce guide permet dès lors de développer l'espagnol dans un contexte précis : celui de l'hôtellerie – restauration. Il est destiné aux professionnels de l'hôtellerie ayant des ambitions en rapport à la langue espagnole, aux voyageurs, aux étudiants en formation Hôtellerie et Management qui voudraient se former en langue espagnole. L'apprenant ou le lecteur pourra donc acquérir des compétences solides de communication qui lui permettront de s'exprimer sans difficultés, librement et de manière autonome en espagnol, dans un contexte professionnel.

CHAPITRE 1 :

METHODES
D'APPRENTISSAGE RAPIDE

Nous développons dans ce chapitre quelques méthodes d'apprentissage rapide qui orienteront l'apprenant.

I.   METHODES D'APPRENTISSAGE RAPIDE

Quatre méthodes pédagogiques sont répertoriées dans ce manuel qui vont permettre à l'apprenant d'acquérir l'espagnol avec engouement dans un contexte professionnel hôtelier :

1. **La méthode expositive**:
Grâce à des images captivantes et des illustrations, l'apprenant pourra capter avec aisance les différents sujets d'apprentissage.

2. **La méthode démonstrative :**
Grâce à des jeux de rôles interactifs, des mises en scènes, l'apprenant a un accès rapide aux mots usuels qui constituent sa journée de travail au quotidien.

3. La méthode interrogative : Le Test de Productivité

Parmi plusieurs procédés d'apprentissage de l'espagnol des affaires pour les professionnels de l'hôtellerie, il ya lieu de faire mention du Test de productivité. Grâce à ce test de productivité, l'apprenant est jaugé sur sa culture en espagnol. En d'autres termes, il ressort de ce test sa réelle aptitude qui permet d'orienter son apprentissage.

Exemple de fiche d'enquête préliminaire ou test que nous appelons Test de productivité remis à l'apprenant:

Questions	Réponses
1. Parlez vous votre langue maternelle? Si oui, laquelle ?	
2. Quelles sont les réelles motivations qui vous poussent à apprendre la langue ?	

3. Avez-vous étudié l'espagnol au collège ou au lycée ?	
4. Quel artiste espagnol connaissez vous ?	
5. Dans votre entourage, ya t'il une personne qui parle espagnol ?Si oui, vous encourage t'elle à vous interesser à la langue ?	
6. Avez- vous effectué un voyage pour un pays ou l'on s'exprime en espagnol? Si oui, lequel ?	

7. Dans combien de pays africains parle t on espagnol ?	
8. Dans quel autre continent parle t-on espagnol ?	
9. Comme les français ont l'habitude de dire la langue de Molière, savez vous à qui est attribuée la langue espagnole ?	
10. Combien de langues étrangères parlez vous en dehors du français ?	

Il s'agit d'une méthode test pratique pour les professionnels de l'hôtellerie. Pouvoir poser les bonnes questions pour un apprentissage de qualité.

4. La méthode active :

Par une participation active, des images sont connectées à leur représentation en espagnol, qui permettent à l'étudiant d'acquérir aisément. Il est alors acteur de son propre apprentissage, et nous intervenons en aval comme guide pour la continuité.

II.   SUPPORTS PEDAGOGIQUES

Ce sont les supports sur lesquels nous nous sommes appesantis pour l'élaboration de ce manuel. Nous avons pu dégager deux supports interactifs :

1.Les jeux de rôles : Il s'agit des dialogues qui permettront aux étudiants d'apprendre seuls ou de manière assistée. Ces jeux de rôles au moyen de dialogue vous donnent accès facilement aux mots adéquats, aux conversations adéquates pour une communication efficiente.

2.Les ressources transmises sur internet : Ces ressources ainsi élaborées sont transmises à l'apprenant sur internet pour une continuité dans l'apprentissage à domicile ou au bureau et de manière libre. Il pourra ainsi aisément se procurer ce manuel pour son propre coaching.

III.   ELEMENTS MATERIELS POUR UN COACHING PERSONNEL DE QUALITE

Parmi plusieurs, nous énumérons les suivants :

1. Les supports techniques : Ce manuel est un support pour les personnes désireuses d'apprendre le vocabulaire espagnol de l'hôtellerie.

2.Une salle de training équipée de vidéo projecteur et d'un paper board : l'apprentissage d'un contenu linguistique spécialisé, dans un domaine spécialisé comme celui de l'hôtellerie ne pose pas en tant que tel un souci d'espace. Il n'est pas donc exclu de procéder à l'apprentissage de la langue espagnole dans une salle confortable et adaptée aux besoins des apprenants.

IV. L'EXECUTION DE L'ACTION

L'exécution de l'action est possible grâce à quelques techniques de coaching rapide, tels que:

1.Les fiches d'auto évaluation quotidienne ou hebdomadaire : Dans un contexte d'apprentissage tel que celui-ci, il est requis des actions qui permettent l'exécution des tâches quotidiennes. L'apprenant pourra développer des fiches pratiques, qui faciliteront son imprégnation rapide dans l'acquisition de la langue espagnole, en référence aux métiers de l'hôtellerie.

2.La Lecture et la relecture des mots déjà acquis: Permet de visualiser de manière didactique les acquis des apprenants. L'apprenant pourra ainsi s'auto évaluer quant à la progression de son apprentissage.

V. MODALITES D'EVALUATION

1.L'auto-évaluation des connaissances : L'apprenant pourra s'auto- évaluer à la fin de ce manuel.

2.La correction immédiate de l'évaluation : Il pourra s'auto corriger après lecture, relecture, et tentatives d'acquisitions du vocabulaire technique espagnol lié à son métier : l'hôtellerie-restauration.

3.Le bilan de fin d'auto- apprentissage : Il pourra dresser un bilan positif ou non de sa compétence langagière.

Il nous importe à présent de recenser les différents objectifs de la rédaction du présent manuel.

VI. OBJECTIFS DE REDACTION DE CE MANUEL

A la fin de la lecture de ce manuel sur l'espagnol pour les professionnels de l'hôtellerie, et grâce à des jeux de rôles interactifs, l'apprenant sera capable de s'exprimer avec aisance en espagnol sur les sujets ci-dessous :

0.MAITRISER L'ALPHABET ESPAGNOL, L'INTONATION DES MOTS, LES VERBES, LE GENRE, LE SINGULIER ET LE PLURIEL DES MOTS, DIRE LES JOURS DE SEMAINE, LES MOIS DE L'ANNEE, COMPTER, LIRE L'HEURE

1.ACCUEILLIR UN CLIENT FACE A FACE EN ESPAGNOL

2.ACCUEILLIR UN CLIENT AU TELEPHONE EN ESPAGNOL

3.DEVELOPPER ET LISTER UN VOCABULAIRE PROFESSIONNEL EN ESPAGNOL

4.GERER LES SITUATIONS DE CONFLITS, SAVOIR AMENER DES COMPROMIS ET SAVOIR CONVAINCRE EN ESPAGNOL

5.SE MUNIR DES CONNAISSANCES CULTURELLES POUR ACCUEILLIR, INFORMER, ET DIALOGUER AVEC DES CLIENTS ETRANGERS OU NATIONAUX

6.COMPRENDRE ET REPONDRE A TOUS LES TYPES DE COURRIERS EN ESPAGNOL

7.COMPRENDRE LES BESOINS EXPLICITES ET IMPLICITES DES CLIENTS ET SAVOIR LES REFORMULER EN ESPAGNOL

8.POUVOIR ORIENTER LES CLIENTS A L'INTERIEUR DE L'HOTEL COMME A L'EXTERIEUR EN ESPAGNOL

9.SAVOIR FAIRE APPLIQUER LES CONSIGNES DE SECURITE ET D'HYGIENE EN ESPAGNOL

10.LIRE, INTERPRETER ET RECHERCHER DES SUPPORTS D'INFORMATION POUR RENSEIGNER LA CLIENTELE AVEC AISANCE

11.COMPRENDRE ET SAVOIR REMPLIR EN ESPAGNOL LES FORMULAIRES TYPES SPECIFIQUES AU METIER DE L'HOTELLERIE

12.COMMENT REMPLIR LES FICHES CARDEX EN UTILISANT UN VOCABULAIRE CONCIS ET APPROPRIE EN ESPAGNOL

13.COMMENT COMMUNIQUER EN ESPAGNOL AVEC LES AGENCES DE VOYAGES, LES CENTRALES DE RESERVATION, LES TOURS OPERATEURS EN UTILISANT UN VOCABULAIRE SPECIFIQUE.

Après avoir présenté les différentes méthodes qui permettent de mieux acquérir le vocabulaire espagnol des métiers de l'hôtellerie, et aussi listé quelques objectifs de la rédaction de ce manuel, il convient à présent de se pencher sur les prérequis de la langue espagnole, c'est-à-dire les préalables qui sont indispensables pour tout apprenant.

CHAPITRE 2 :

PREREQUIS SUR LA LANGUE ESPAGNOLE

I. NOTES SUR L'ALPHABET ESPAGNOL, L'INTONATION, LE GENRE DES MOTS, LE SINGULIER ET LE PLURIEL DES MOTS, LES VERBES D'ACTION EN HOTELLERIE EN ESPAGNOL

Il est important avant de présenter des situations de communications facilitant l'apprentissage de l'espagnol à un professionnel de l'hôtellerie de commencer par l'alphabet espagnol.

Notons que depuis la Réforme de 2010 par l'Académie Royale de la Langue Espagnole, l'alphabet espagnol qui comptait 29 lettres ne compte désormais plus que 27 lettres. Les lettres CH et LL n'étant plus considérées comme des lettres à part entière.

L'alphabet espagnol compte donc **27 lettres** au total, parmi lesquelles **5 voyelles** (A, E, I, O, U) et **22 Consonnes** (B C D F G H J K L M N Ñ P Q R S T V W X Y Z).

El alfabeto español

A	a	J	jota	R	erre
B	be	K	ka	S	ese
C	ce	L	ele	T	te
D	de	M	eme	U	u
E	e	N	ene	V	uve
F	efe	Ñ	eñe	W	uve doble
G	ge	O	o	X	equis
H	hache	P	pe	Y	i griega
I	i	Q	cu	Z	zeta

NB : 1. Les consonnes B D F G M P S T ne se redoublent jamais. Les seules consonnent qui se doublent sont celles qui se trouvent dans CaRoLiNe C R L N (C'est un moyen mnémotechnique de s'en souvenir).

NB : 2. L'orthographe espagnol n'admet pas les combinaisons de lettres PH, RH, TH et est remplacé par F, R, T. On dira el Te pour le THE, el elefante pour ELEPHANT.

1. PRONONCIATION DES LETTRES DE L'ALPHABET

A se lit "a " comme " PAPA en français et PALOMA en espagnol

B se lit « bé » comme BEBE en français et BEBIDA en espagnol (boisson)

C se lit « cé » comme CERELAC en français et CELEBRE en espagnol (célèbre)

CH (che) se lit désormais 'ce hache', CHÓFER en espagnol

D se lit " dé" comme DEROULE en français et DEDO en espagnol (doigt)

E se lit "é" comme ECOUTE en français et EDAD en espagnol (âge)

F se lit "éfé" comme EPHEMERE en français et ELEFANTE en espagnol (éléphant)

G se lit "ge" comme GEMELOS en espagnol (jumeaux)

H se lit "hache" comme la HACHE en français et HERMOSA en espagnol (Belle)

I se lit "i" comme "ILES» en français et IDEA en espagnol (Idée)

J se lit " Jota" comme JABÓN en espagnol (savon)

K se lit " ka" comme KARATE en espagnol (karate)

L se lit " ele" comme ELEPHANT en français et ELEFANTE en espagnol / **LL** se lit 'L 2X' comme LLAMAR

M se lit "eme" comme EMERAUDE en français et MERECE en espagnol (mérite)

N se lit " ene" comme ENERGIE en français et NOVELA en espagnol/ **Ñ** se lit 'enie' comme AÑO (année)

O se lit "o" comme OPERA en français et OPERA en espagnol

P se lit "pé" comme PETROLE en français et PADRE (papa) en espagnol

Q se lit "cou" comme COULE en français et CÓDIGO en espagnol (code)

R se lit "erre" comme ERREUR en français et ERROR en espagnol

S se lit " ese" comme ESSENTIEL en français et ESENCIAL en espagnol

T se lit " té" comme THE en français et TÉ en espagnol

U se lit " ou" comme OUVRAGE en français et UNIVERSO espagnol

V se lit "ouve" ou « oube » comme VELA en espagnol (bougie)

W se lit " oube doble" ou « ouve doble » comme WAGON en espagnol

X se lit " equis" comme XAVIER en espagnol

Y se lit " ye" comme YANQUÍ en espagnol (Auparavant 'i griega' mais depuis 2010 se lit 'ye')

Z se lit " ceta" comme ZYLÓFONO en espagnol

2. L'INTONATION DES MOTS EN ESPAGNOL

La formation des mots en espagnol est régie par des règles de prononciation formelle qui font de la langue de Don Quijote, une mine d'or pour ses habladores (ceux qui parlent la langue) et ses apprenants. Il existe ainsi deux types de mots :

➢ **Les mots accentués (palabras acentuadas) :**

Ce sont des mots qui portent un accent écrit et où l'accentuation est plus évidente à l'œil nu.

Exemple : (Les mots pris en exemples sont des mots ayant un rapport avec l'hôtellerie pour permettre à l'apprenant de capter avec rapidité l'essentiel du vocabulaire hôtelier espagnol)

- **Café** : accent tonique sur e (veut dire le café)
- **Habitación** : accent tonique sur o (veut dire la chambre)
- **Corazón** : accent tonique sur o le deuxième o (veut dire cœur)
- **Recepción** : accent tonique sur o (réception)
- **Bolígrafo** : accent tonique sur i, (veut dire le stylo à bille)
- **Teléfono** : accent tonique sur é, (veut dire téléphone)
- **Máquina** : accent tonique sur le premier a, (veut dire machine)

➢ **Les mots atones (palabras átonas) ou inaccentués**

Ce sont des mots dont l'accent est plutôt oral mais pas écrit. A l'aide de quelques exemples ci-dessous, nous montreront sur quelles syllabes a lieu l'accentuation orale.

<u>Exemple</u> :

o **Ordenador** (l'ordinateur), l'accent oral est sur la dernière syllabe (dor)

o **Director** (le directeur), l'accent atone est sur la dernière syllabe (tor)

o **Recepcionnista** (le réceptionniste), l'accent atone est sur la quatrième syllabe (nis)

o **Camarero** (serveur), l'accent oral est sur la troisième syllabe (re)

o **Cliente** (le client), l'accent oral est sur la deuxième syllabe (ente)

o **Toallas** (les serviettes), l'accent oral est sur la première syllabe(toa)avec accent oral sur (a)

3. LE MASCULIN ET LE FEMININ DES MOTS EN ESPAGNOL

Après avoir maitrisé les accents, les syllabes accentuées ou non, il est indiqué de faire une démonstration rapide du genre masculin et féminin :

- o **Article déterminant La (la)** pour le féminin
- o **Article déterminant el (le)** pour le masculin.

4. LE SINGULIER ET LE PLURIEL DES MOTS EN ESPAGNOL

- o **Las** pour les mots féminin pluriel
- o **La** pour les mots féminin singulier
- o **El** pour les mots masculin singulier
- o **Los** pour les mots masculin pluriel.

Les exemples ci-dessous au travers d'un tableau illustrent en détail les cas énumérés plutôt. Pour une acquisition efficiente, nous utilisons toujours des mots en rapport au métier de l'hôtellerie.

Quelques exemples :

Mots français	Mots espagnols (féminin ou masculin)	Mots espagnols mis au pluriel	mot français au pluriel
Le client	El cliente (mas singulier)	los clientes (mas pluriel	Les clients
La vente	La venta	Las ventas (fém. pluriel)	Les ventes
Le chef de réception	El jefe de recepción	Los jefes de recepción (mas pluriel)	Les chefs de reception
La fiche cardex	La ficha cardex	Las fichas cardex (fém. pluriel)	Les fiches cardex
La liste de réservations	La lista de reservacio nes	Las listas de reservacion es (fem plur)	Les listes de réservatio ns

5. LES VERBES EN ESPAGNOL

Voyons à présent quelques verbes d'action qui sont utilisés en hôtellerie. Il est à noter qu'en espagnol, il existe trois types de verbes :

- o **Les verbes en AR** dits Verbes de 1ère conjugaison

Exemple :

Reservar = faire une réservation

Llamar al cliente = appeler le client

Completar la ficha de policía = compléter la fiche de police

Interrogar al cliente sobre su estancia = interroger le client sur son séjour

- o **Les verbes en ER** dits Verbes de 2eme conjugaison

Exemple :

Comer = manger

Establecer una lista = établir une liste

Beber una cerveza = boire une bière

Acoger a un cliente = accueillir un client

- o **Et les verbes en IR** dits Verbes de 3eme conjugaison

Exemple :

Vivir en España = Vivre en Espagne

Corregir a un colega = corriger un collègue

Escribir al cliente = écrire au client

II. NOTES SUR LES CHIFFRES, L'HEURE, LES JOURS DE LA SEMAINE, LES MOIS DE L'ANNEE

Un professionnel de l'hôtellerie doit pouvoir dans son processus d'apprentissage de la langue espagnole maîtriser les chiffres, lire l'heure, dire les jours de la semaine et les mois de l'année.

1. **Les chiffres en espagnol (De 0 à 10) pour les Débutants A1 A2**

Dans l'optique d'énumérer, de compter, de déchiffrer, de comptabiliser, de dénombrer, l'apprenant dira :

1= UNO/ UN

UN CLIENT= UN CLIENTE/ UN HUÉSPED

UN ETAGE= UN PISO

2= DOS

DEUX FACTURES = DOS FACTURAS

DEUX ETRANGERS= DOS EXTRANJEROS

3= TRES

TROIS COFFRES-FORTS= TRES CAJAS FUERTES

TROIS CASIERS DE BIERE= TRES BASTIDORES DE CERVEZA

4= CUATRO

QUATRE FOURNISSEURS= CUATRO PROVEEDORES

QUATRE AMPOULES= CUATRO BOMBILLAS

5= CINCO

CINQ CUISINIERS= CINCO COCINEROS

CINQ DEMANDES= CINCO PEDIDAS

6=SEÍS

SIX DELEGUES DU PERSONNEL= SEÍS DELEGADOS DEL PERSONAL

SIX EMPLOYES= SEÍS EMPLEADOS

7=SIETE

SEPT COLLABORATEURS = SIETE COLLABORADORES

SEPT AGENTS DE SECURITE= SIETE AGENTES DE SEGURIDAD

8= OCHO

HUIT RESERVATIONS= OCHO RESERVACIONES

HUIT ANNULATIONS=OCHO CANCELACIONES

9= NUEVE

NEUF TECHNICIENS= NUEVE TÉCNICOS

NEUF COMMISIONS= NUEVE COMISIONES

10= DIEZ

DIX PLAINTES DE CLIENTS= DIEZ QUEJAS DE CLIENTES

DIX MAILS DE SATISFACTIONS DE CLIENTS= DIEZ CORREOS ELECTRÓNICOS DE SATISFACCIONES DE CLIENTES

L'étudiant pourra poursuivre la lecture et l'apprentissage des nombres grâce à ce tableau :

La numération en espagnol

0-9	10-19	20-29	30 et plus
0 cero	10 diez	20 veinte	30 treinta
1 uno/un/una	11 once	21 veintiuno/-un/-una	31 treinta y uno/un/una
2 dos	12 doce	22 veintidós	32 treinta y dos
3 tres	13 trece	23 veintitrés	33 treinta y tres
4 cuatro	14 catorce	24 veinticuatro	34 treinta y cuatro
5 cinco	15 quince	25 veinticinco	35 treinta y cinco
6 seis	16 dieciséis	26 veintiséis	36 treinta y seis
7 siete	17 diecisiete	27 veintisiete	37 treinta y siete
8 ocho	18 dieciocho	28 veintiocho	38 treinta y ocho
9 nueve	19 diecinueve	29 veintinueve	39 treinta y nueve

les dizaines	les centaines	les grands nombres
10 diez	100 cien (to)	1,000 mil
20 veinte	200 doscientos/-as	10,000 diez mil
30 treinta	300 trescientos/-as	100,000 cien mil
40 cuarenta	400 cuatrocientos/-as	1,000,000 un millón
50 cincuenta	500 quinientos/-as	10,000,000 diez millones
60 sesenta	600 seiscientos/-as	100,000,000 cien millones
70 setenta	700 setecientos/-as	1,000,000,000 mil millones
80 ochenta	800 ochocientos/-as	100,000,000,000 cien mil millones
90 noventa	900 novecientos/-as	1,000,000,000,000 un billón

2. Lire l'heure en espagnol et savoir renseigner un client sur son réveil

Dans le monde des affaires, l'heure est primordiale.

6H = SON LAS SEIS DE LA MAÑANA

7H = SON LAS SIETE DE LA MAÑANA

8H= SON LAS OCHO DE LA MAÑANA

9H= SON LAS NUEVE DE LA MAÑANA

10H= SON LAS DIEZ DE LA MAÑANA

11H= SON LAS ONCE DE LA MAÑANA

12H= SON LAS DOCE= ES MEDIODíA

13H=ES LA UNA DE LA TARDE

14H= SON LAS DOS DE LA TARDE

15H=SON LAS TRES DE LATARDE

16H=SON LAS CUATRO DE LA TARDE

17H=SON LAS CINCO DE LA TARDE

18H= SON LAS SEIS DE LA TARDE

19H=SON LAS SIETE DE LA TARDE

20H=SON LAS OCHO DE LA TARDE

21H=SON LAS NUEVE DE LA TARDE

22H=SON LAS DIEZ DE LA TARDE

23H=SON LAS ONCE DE LA TARDE

24H=SON LAS DOCE DE LA NOCHE

14H30: SON LAS DOS Y MEDIA DE LA TARDE

10H10: SON LAS DIEZ Y DIEZ DE LA MAÑANA

18H 25: SON LAS SEIS Y VEINTICINCO DE LA TARDE

21H45: SON DIEZ MENOS QUINCE DE LA TARDE

12H15: SON LAS DOCE Y CUARTO

Prenons quelques exemples:

Un client d'une compagnie aérienne fait son check-in et vous demande de noter son réveil.

A : Le client

B : Le réceptionniste

B: Hola, Bienvenido a todos. (Bonjour, bienvenue à tous).

A: Gracias, ¿Puede ud notar el despertar por mañana a las 5H30? (Merci, pouvez-vous noter mon reveil svp?)

B: Si señor, lo notamos ahora mismo. (Oui M, Tout de suite)

A: Muchísimas gracias

<u>HORLOGE MURAL</u>

3. Les jours de la semaine en espagnol

En professionnel de l'hôtellerie, vous devez savoir renseigner un client sur les jours de la semaine s'il vient vers vous.

Pareil qu'en langue française, les jours de la semaine se comptent au nombre de sept (7):

LUNDI = LUNES

Exemple:

C'est Lundi aujourd'hui et nous avons plus de 68 réservations ! = Hoy es lunes y tenemos más de 68 reservaciones!

MARDI = MARTES

Exemple:

Les commissions sont faites tous les mardis ! = las comisiones se hacen todos los martes!

MERCREDI = MIÉRCOLES

Exemple:

Les fournisseurs arrivent le mercredi matin = los proveedores llegan el miércoles cada mañana.

JEUDI = JUEVES

Exemple:

Consulte la liste des arrivées du Jeudi stp = Por favor que consulte su lista de llegadas del Jueves!

VENDREDI = VIERNES

Exemple:

Nous avons notre After Work tous les vendredis à 19H! = Organizamos nuestro After Work cada viernes a las siete de la tarde!

SAMEDI = SABADO

Exemple:

Les chefs de services travaillent aussi le samedi = Los jefes de servicios también trabajan el sábado

DIMANCHE = DOMINGO

Exemple:

Certains de nos clients vont à l'église le dimanche = Unos de los huéspedes van a la iglesia el domingo.

Los días de la semana

El lunes

El martes

El miércoles

El jueves

El viernes

El sábado

El domingo

4.Les mois de l'année en espagnol

De même, en tant que professionnel de l'hôtellerie, vous devez savoir renseigner un client sur les mois de l'année s'il vient vous le demander ou pour votre propre culture. Comme en Français, il y a douze mois de l'année :

- o Janvier pour **ENERO**

  Exemple:

  L'année prochaine en JANVIER 2022, nous organiserons la CAN dans notre hôtel = El año prójimo, en ENERO 2022 organizaremos la CAN en nuestro hotel.

- o Février pour **FEBRERO**

  Exemple:

  Le comparatif N-1 en hébergement et restauration est supérieur en ce mois de Janvier = El comparativo N-1 en alojamiento y restaurante está superior en este més de FEBRERO.

- o Mars pour **MARZO**

Exemple:

A cause de Corona, les clients ont annulé la plupart de leur réservation en ce mois de Mars = A causa del Corona Virus, la mayoría de los clientes han cancelado sus reservaciones en el més de MARZO.

o Avril pour **ABRIL**

Exemple:

Le 10 Avril, de 9h à 15h, la piscine sera fermée pour travaux = El 10 de Abril de las nueve de la mañana hasta las tres de la tarde, cerramos la piscina para los trabajos técnicos.

o Mai pour **MAYO**

Exemple:

Le menu de MAI sera essentiellement composé de repas bio = El menu del més de MAYO será esencialmente compuesto de comida orgánica.

o Juin pour **JUNIO**

Exemple:

Un test incendie-sécurité sera organisé ce 12 JUIN

à partir de 15h = Se organizará este 12 de JUNIO

un test fuego-seguridad en el hotel.

o Juillet pour **JULIO**

Exemple:

La navette de l'hôtel ira en revision technique le 7

juillet = el transporte del hotel será indisponible el

7 de JULIO.

o Août pour **AGOSTO**

Exemple:

La fête du personnel de l'hôtel sera organisée le 8

Août = la fiesta del personal del hotel se

organizará el 8 de AGOSTO.

o Septembre pour **SEPTIEMBRE**

Exemple:

Le meilleur employé du mois de Septembre est XXXXXX = el mejor empleado del més de SEPTIEMBRE es XXXXXX.

○ Octobre pour OCTUBRE

Exemple:

Pour vos 120 nuitées en ce mois d'Octobre, La direction de l'hôtel et l'ensemble de son personnel vous offre un week-end gratuit pour deux = Para sus 120 noches en este més de OCTUBRE, la dirección del hotel y todo el personal, le ofrece un fin de semana gratuito para dos personas.

○ Novembre pour NOVIEMBRE

Exemple:

Un de nos clients se marrie ce mois de NOVEMBRE= Uno de nuestros clientes organiza su casamiento este més de NOVIEMBRE.

o Décembre pour DICIEMBRE

Exemple:

L'arbre de Noel pour les enfants des employés de l'hôtel aura lieu le 21 DICIEMBRE = El árbol de Navidad para los hijos de los empleados del hotel tendrá lugar el 21 de DICIEMBRE.

Los meses del año

Enero

Febrero

Marzo

Abril

Mayo

Junio

Julio

Agosto

Septiembre

Octubre

Noviembre

Diciembre

Nous présentons dans ce manuel un bref aperçu du vocabulaire hôtelier espagnol. Quelques clés utiles pour un apprentissage mot à mot avec des traductions qui permettent à l'apprenant de mieux se retrouver. Il ne s'agit en aucun cas de remplir ce manuel de toute la littérature ou la linguistique espagnole mais cette première édition permet d'amener le lecteur à entreprendre un pas minutieux pour un apprentissage dirigé et de qualité.

Le présent manuel apporte ainsi de manière sommaire un appui aux professionnels qui souhaiteraient acquérir des connaissances de base en espagnol. Grâce à des méthodes d'acquisition rapide, l'apprenant pourra se familiariser avec le vocabulaire propre à son métier.

Après avoir présenté quelques prérequis de l'espagnol moderne qui permettent de se familiariser avec la langue espagnole, il convient à présent de se pencher sur le vocabulaire lui-même. Nous allons parcourir, de manière non exhaustive les différents départements attachés à l'hôtellerie, c'est-à-dire, la réception, le restaurant, le bar, le service de la cuisine, le service technique, le service des étages, le service de la comptabilité, le service informatique, le service des achats, le service de ressources humaines, le service commercial et la direction. Nous allons ainsi découvrir pas à pas, comment traduire les mots et pouvoir les utiliser dans la communication usuelle.

CHAPITRE 3 :

REPERTOIRE NON EXHAUSTIF HOTELIER ET SA TRADUCTION EN ESPAGNOL

Nous allons recenser quelques mots clés liés à chaque département.

I.   LA RECEPTION ET LA RESERVATION

MOTS EN FRANCAIS	EQUIVALENCE EN ESPAGNOL
L'HOTELIER	EL HOTELERO
L'HOTEL	EL HOTEL
LE REVEIL	EL DESPERTAR
LA CLE DE LA CHAMBRE	LA TARJETA DE LA HABITACIÓN
LE CLIENT	EL HUÉSPED
LA FACTURE	LA FACTURA
RESERVER UNE CHAMBRE D 'HOTEL	RESERVAR UNA HABITACIÓN DE HOTEL
LA RESERVATION	LA RESERVACIÓN
LE PLANNING DE TRAVAIL	EL PLANNING DEL TRABAJO

LA LISTE DE RESERVATIONS	LA LISTA DE RESERVACIONES
LE HALL DE LA RECEPTION	EL HALL DE LA RECEPCIÓN
LA LISTE DES CLIENTS EN DEPART	LA LISTA DE LOS HUÉPEDES EN SALIDA
LA LISTE DES ARRIVEES DU JOUR	LA LISTA DE LAS LLEGADAS DEL DÍA
UNE ARRIVEE	UNA LLEGADA
UN CLIENT ATTENDU	UN CLIENTE ESPERADO
LE CHEF DE RECEPTION	EL JEFE DE RECEPCIÓN
LES COMMISIONS	LAS COMISIONES
FAIRE UN CHECK-IN	HACER UN CHECK-IN
FAIRE UN CHECK-OUT	HACER UN CHECK-OUT
LA NAVETTE DE L'HOTEL	EL TRANSPORTE DEL HOTEL
LA CARTE DE CREDIT DU CLIENT	LA TARJETA DE CRÉDITO DEL HUÉSPED
LA FICHE DE GRATUITE	EL FORMULAR DE GRATUIDAD

LA CAISSE	LA CAJA
LA (LE) RESPONSABLE DE RESERVATIONS	LE (LA) RESPONSABLE DE RESERVACIONES
LA CARTE DE FIDELITE	LA TARJETA DE FIDELIDAD
LE CAHIER DE CONSIGNES	EL LIBRO DE INSTRUCCIONES
LA RESERVATION EN LIGNE	LA RESERVACIÓN EN LÍNEA
LA RESERVATION PAR MAIL	LA RESERVACIÓN POR CORREO ELECTRÓNICO
LE CHAUFFEUR DE NUIT	EL CHÓFER DE NOCHE
LE CHAUFEUR	EL CHÓFER
UN CLIENT MECONTENT	UN CLIENTE DESCONTENTO
UN CLIENT SATISFAIT	UN CLIENTE SATISFECHO
LA LIGNE DU TELEPHONE EST OCCUPEE	LA LÍNEA TELEFÓNICA ESTA OCUPADA
LE TELEPHONE SONNE	EL TELÉFONO SUENA

METTRE LE CLIENT EN ATTENTE	PONER EL CLIENTE EN ESPERA
LE SERVICE DE TRANSFERT	EL SERVICIO DE TRASLADO
L'ENTREE DE L'HOTEL	LA ENTRADA DEL HOTEL
LA SALLE DE CONFERENCE DE L'HOTEL	EL AULA DE CONFERENCIA DEL HOTEL
LE PAIEMENT PAR CHEQUE	EL PAGO POR CHEQUE
LE PAIEMENT PAR VIREMENT	EL PAGO POR TRANSFERENCIA BANCARIA
LE PAIEMENT PAR BON DE COMMANDE	EL PAGO POR ORDEN DE COMPRA
LE PAIEMENT EN DIRECT HOTEL	EL PAGO DIRECTO
LE PAIEMENT PAR CARTE DE CREDIT	EL PAGO POR CARTA DE CREDITO
RESERVATION PREPAYEE	RESERVA PREPAGADA
L'ARRIVEE ANTICIPEE	LA LLEGADA ANTICIPADA

LE DEPART TARDIF	LA SALIDA TARDÍA
LE NO SHOW	EL NO SHOW
HEURE DE DEPART	HORA DE SALIDA
HEURE D'ARRIVEE	HORA DE LLEGADA
ACCUEILLIR UN CLIENT	ACOGER A UN CLIENTE
SOURIRE AU CLIENT	SONREIR AL CLIENTE
REMETTRE LA CLE AU CLIENT APRES QU'IL AIT PAYE SA NOTE	DEVOLVER LA TARJETA AL CLIENTE DESPUES DE HABER PAGADO SU NOTA
ACCOMPAGNER LE CLIENT A L'AEROPORT	ACOMPAÑAR AL CLIENTE AL AEROPUERTO
LE PASSEPORT DU CLIENT	EL PASAPORTE DEL CLIENTE
LE BILLET D'AVION DU CLIENT	EL BILLETE DE AVIÓN DEL CLIENTE
LES MEMBRES DE L'EQUIPAGE	LOS MIEMBROS DEL EQUIPAJE

UN RDV AVEC LA RESPONSABLE DES RESSOURCES HUMAINES	UNA CITA CON LA RESPONSABLE DE RECURSOS HUMANOS
LE RESPONSABLE DE LA SECURITE	EL RESPONSABLE DE LA SEGURIDAD
LE RESPONSABLE INFORMATIQUE	EL RESPONSABLE DE TIC
L'ADMINISTRATION	LA ADMINISTRACIÓN
UNE AGENCE DE VOYAGE	UNA AGENCIA DE VIAJE
LE MAIL DE RESERVATION	EL CORREO ELECTRÓNICO DE RESERVACIÓN
LA FACTURE DEBITEUR	LA FACTURA DEL DEUDOR
LE FORMULAIRE D'AUTORISATION	EL FORMULAR DE AUTORIZACIÓN
LA CARTE DE CREDIT	LA TARJETA DE CRÉDITO
LES COMMISSIONS	LAS COMISIONES
LA CALCULATRICE	LA CALCULADORA
RESSOURCES HUMAINES	RECURSOS HUMANOS
LE STOCKAGE	EL ALMACENAMIENTO

REMBOURSER UN CLIENT	REEMBOLSAR A UN CLIENTE
GARDER LA MONNAIE	GUARDAR EL DINERO
L'ENVELOPPE	EL SOBRE
L'IMPRIMANTE	LA IMPRESORA
LE TELEPHONE	EL TELÉFONO
LE RAPPORT DU NIGHT AUDITOR	EL INFORME DEL AUDITORIA DE NOCHE
REPONDRE A UN CLIENT	RESPONDER A UN CLIENTE
LE REVEIL	EL DESPERTAR
LE CAHIER DES FILLES	EL CUADERNO DE LAS CHICAS
LE CAHIER DE NAVETTE	EL CUADERNO DE TRANSPORTE
UNE CENTRALE DE RESERVATION	UNA CENTRAL DE RESERVACIONES
UN TOUR OPERATEUR	UN OPERADOR TURÍSTICO
LE TOURISME	EL TURISMO

UN CLIENT ETRANGER	UN CLIENTE EXTRANJERO
LOCATION DE VOITURE	ALQUILLER DE COCHES
CONTESTER UNE FACTURE	DISPUTAR UNA FACTURA

II. LE BAR ET LE RESTAURANT

MOTS EN FRANCAIS	EQUIVALENCE EN ESPAGNOL
LE CHAMPAGNE	EL CHAMPÁN
LE PRESENTOIR DU BAR	EL EXPOSITOR DEL BAR
LE BARMAN	EL CANTINERO
LE SERVEUR/SE	EL/LA CAMARERO(A)
LE MENU DU CHEF	EL MENU DEL JEFE
LE RESTAURANT EST FERMÉ	EL RESTAURANTE ESTÁ CERRADO
RESERVER UNE TABLE AU RESTAURANT	RESERVAR UNA MESA AL RESTAURANTE
LA RESERVATION DE LA SALLE	LA RESERVACIÓN DEL AULA

LE PERSONNEL DU RESTAURANT	EL PERSONAL DEL RESTAURANTE
MAITRE D'HOTEL	EL MAYORDOMO
LE CHEF DU RESTAURANT	EL JEFE DEL RESTAURANTE
LE RESTAURANT	EL RESTAURANTE
UN COCKTAIL DE FRUITS	UN COCKTAIL DE FRUTOS
LE RESTAURANT EST PLEIN	EL RESTAURANTE ESTÁ LLENO
LA BANANE	LA BANANA
LES ORANGES	LAS NARANJAS
LES PLATS	LOS PLATOS
SERVIR LE CLIENT	SERVIR EL CLIENTE
LE ROOM SERVICE	EL SERVICIO DE HABITACIONES
LE SERVICE	EL SERVICIO
DRESSER UNE TABLE	PONER/ PREPARAR LA MESA
LE CAFÉ	EL CAFÉ
LE THE	EL TÉ

LE PETIT-DEJEUNER	EL DESAYUNO
LE DEJEUNER	EL ALMUERZO
DEJEUNER	ALMORZAR
LE DINER	LA CENA
LE GOUTER	LA MERIENDA
LE LEVE-TOT	EL LEVANTAR TEMPRANO
LE LEVE-TARD	EL LEVANTAR TARDÍO
LE BUFFET	EL BUFFET
LE MENU A LA CARTE	EL MENÚ POR PEDIDA
LA BIERE	LA CERVEZA
LA LIVRAISON	LA ENTREGA
LE CHEF DE RANG	EL JEFE DE CANTINEROS
LA PISCINE	LA PISCINA
LE DIRECTEUR DE L'HOTEL	EL DIRECTOR DEL HOTEL
LA BOISSON DE BIENVENUE	LA BEBIDA DE BIENVENIDA
PRESENTER LA CARTE DE MENU AU CLIENT	PRESENTAR LA TARJETA DEL MENÚ AL CLIENTE

COMMANDER UN REPAS OU PASSER SA COMMANDE	PEDIR UNA COMIDA
PRENDRE LA COMMANDE D'UN CLIENT	TOMAR EL PEDIDO DE UN CLIENTE

III. LES ETAGES

MOTS EN FRANCAIS	EQUIVALENCE EN ESPAGNOL
LA GOUVERNANTE	EL AMA DE LLAVES
LA FEMME DE CHAMBRE	LA CRIADA/MUJER DE LIMPIEZA/LIMPIADORA
L'EQUIPIER	EL TRIPULANTE
HYGIENE ET SALUBRITE	HIGIENE Y SALUBRIDAD
LE CLIENT EST DANS SA CHAMBRE	EL HUÉSPED ESTA EN SU HABITACIÓN
LE FORMULAIRE DE BLANCHISSERIE	EL FORMULAR DE LAVANDERÍA

LES SACS DE BLANCHISSERIE	LAS BOLSAS DE LAVANDERÍA
LA PENDERIE DE VOTRE CHAMBRE	EL ARMARIO DE SU HABITACIÓN
LE LIT	LA CAMA
LA LISTE DES CLIENTS LOGES	LA LISTA DE LOS HUÉSPEDES EN EL HOTEL
LE COULOIR DES CHAMBRES	EL PASILLO DE LOS DORMITORIOS
LA BLANCHISSERIE	LA LAVANDERÍA
LE LINGE SALE	LA ROPA SUCIA
LE LINGE PROPRE	LA ROPA LIMPIA
LE SERVICE DE QUART	EL TURNO DE TRABAJO
LE 1ER ETAGE	EL PRIMER PISO
LE 2EME ETAGE	EL SEGUNDO PISO
LE 3EME ETAGE	EL TERCER PISO
NOUS OFFRONS DES SERVICES DE...	BRINDAMOS SERVICIOS DE....
LE SOUS-SOL	EL SÓTANO
L'ETAGE	EL PISO

LES SERVIETTES	LAS TOALLAS
LES DRAPS DE BAIN	LAS TOALLAS DE BAÑO
LE SECHE - CHEVEUX	EL SECADOR DE PELO
L'ARMOIRE	EL ROPERO
LE MINI BAR	EL MINI BAR
LE FRIGO	LA NEVERA
LA CHAMBRE DU CLIENT EST SALE	LA HABITACIÓN DEL HUÉSPED ESTA SUCIA
LE COULOIR EST ILLUMINE	HAY LA LUZ EN EL CORRIDOR
L'ASCENSEUR	EL ASCENSOR
LES TOILETTES DE L'HOTEL	LOS BAÑOS DEL HOTEL
LE LAVABO BOUCHE	EL FREGADERO OBSTRUIDO

IV.   <u>LA COMPTABILITE</u>

MOTS EN FRANCAIS	EQUIVALENCE EN ESPAGNOL
LA COMPTABILITE	LA CONTABILIDAD
LE CHEF COMPTABLE	EL ADMINISTRADOR DE CUENTAS
LA GESTION DE LA COMPTABILITE	LA GESTIÓN DE LA CONTABILIDAD
LES FACTURES DES FOURNISSEURS	LAS FACTURAS DE LOS PROVEEDORES
LES FOURNISSEURS	LOS PROVEEDORES

V.   LA CUISINE

LES BOISSONS	LAS BEBIDAS
LE COUTEAU	EL CUCHILLO
LE PLAT	EL PLATO
LE POULET	EL POLLO
LE POISSON	EL PEZ

L'ENTREE DU PERSONNEL	LA ENTRADA DEL PERSONAL
LA CUISINE	LA COCINA
LA CUILLERE	LA CUCHARA
LA TABLE	LA MESA
LAVER LES ASSIETES	LAVAR LOS PLATOS
LA CUISINIER	EL COCINERO
LE FEU	EL FUEGO
LE LAIT	EL LECHE
LE PARKING DE L'HOTEL	EL APARCAMIENTO
LE SYSTEME DE SECURITE	EL SISTEMA DE SEGURIDAD
HYGIENE ET SALUBRITE	HIGIENE Y SALUBRIDAD
PROPOSITION DE MENU	LA PROPUESTA DEL MENÚ
LE MENU DE LA JOURNEE	EL MENU DEL DÍA
LE PLAT DU CHEF	EL PLATO DEL JEFE

VI.   LE SERVICE DES ACHATS

LE GERENT DE STOCK	EL GERENTE DEL ALMACEN
LE DEVELOPPEMENT DURABLE	EL DESARROLLO SOSTENIBLE
LES ACHATS	LAS COMPRAS
LES CASIERS DE BIERES	LOS BASTIDORES DE CERVEZA
LA LIVRAISON	LA ENTREGA
LE FOURNISSEUR	EL PROVEEDOR

VII.   LE SERVICE INFORMATIQUE

L'INFORMATICIEN	EL CIENTÍFICO DE LA COMPUTACIÓN
REPARER UNE IMPRIMANTE	REPARAR UNA IMPRESORA
REPARER UN ORDINATEUR	REPARAR UN ORDENADOR
LA CONNEXION INTERNET	LA CONNEXIÓN INTERNET

VIII. LE SERVICE DES RESSOURCES HUMAINES

LA FICHE DE PAIE	EL FORMULAR DE PAGO
LES FORMATIONS	LAS FORMACIONES
LES DELEGUES DU PERSONNEL	LOS DELEGADOS DEL PERSONAL
LA REUNION DES DELEGUES	LA REUNIÓN DE LOS DELEGADOS

IX. LE SERVICE TECHNIQUE

LE CHEF TECHNIQUE	EL GERENTE TÉCNICO
LE SYSTEME DE SECURITE	EL SISTEMA DE SEGURIDAD
LE PARKING DE L'HOTEL	EL APARCAMIENTO
LE COFFRE FORT	LA CAJA FUERTE
LES AMPOULES GRILLEES	LAS BOMBILLAS QUEMADAS
UNE AMPOULE	UNA BOMBILLA

DE L'EAU CHAUDE	EL AGUA CALIENTE
DE L'EAU FROIDE	EL AGUA FRÍO
LA SECURITE DE L'HOTEL	LA SEGURIDAD DEL HOTEL
LE SYSTEME D'ALARME	EL SISTEMA DE ALARMA
LE PERSONNEL DE MAINTENANCE	EL PERSONAL DE MANTENIMIENTO
LE TECHNICIEN	EL TÉCNICO
LE CLIMATISEUR	EL AIR CONDITIONNER
LA TELEVISION NE FONCTIONNE PAS	LA TELEVISIÓN NO FUNCIONA
LES CHAINES TV	LOS CANALES DE TELEVISIÓN
APPELER LE TECHNICIEN	LLAMAR AL TÉCNICO
L'ALARME S'EST DECLENCHEE	EL ALARMA SE APAGÓ
LES MESURES DE SECURITE	LAS MEDIDAS DE SEGURIDAD

X.   LE SERVICE COMMERCIAL

SIGNATURE DE CONTRAT	FIRMA DE CONTRATO
TARIF CORPORATE	PRECIOS DESTINADOS A EMPRESAS
TARIF PUBLIC	PRECIO PÚBLICO
VENTE EN LIGNE	VENTA EN LÍNEA
NEGOCIER UN TARIF	NEGOCIAR UN PRECIO
LE PRIX DE LA CHAMBRE	EL PRECIO DE LA HABITACIÓN
UN RDV AVEC LE DIRECTEUR	UNA CITA CON EL DIRECTOR
UN RDV AVEC LE RESPONSABLE COMMERCIAL	UNA CITA CON EL RESPONSABLE COMERCIAL

Plus haut, nous avons listé les différents mots liés au métier de l'hôtellerie, il est question d'aborder dans le détail et d'expliciter à travers des jeux de rôles des situations de communication interactive qui pousseront l'apprenant, même s'il est débutant à acquérir avec aisance le vocabulaire et l'expression appropriés.

CHAPITRE 4 :

SITUATIONS COMMUNICATIONNELLES INTERACTIVES AVEC LE CLIENT

I. L'APPRENTISSAGE DE L'ESPAGNOL AU CAMEROUN

Au Cameroun, une importance capitale est accordée à l'apprentissage et l'enseignement des langues étrangères comme l'Allemand, le Chinois, l'Espagnol, l'Italien dans les écoles secondaires et même dans les Universités d'Etat ! La langue espagnole s'est introduite au Cameroun par les colonisateurs français aux alentours de 1950. Selon Belinga Bessala (1996:139), c'est véritablement à partir de 1960 que l'espagnol commence à avoir une certaine importance. La langue espagnole fut un produit culturel importé par le système éducatif français vers le Cameroun. En France déjà et dans d'autres pays, l'étude de l'espagnol était déjà effective.

Dite de manière plus claire, cette langue a été introduite au Cameroun pour des raisons académiques.

II. ORIGINE DE L'INTERET CROISSANT DE L'ESPAGNOL AU CAMEROUN

Plusieurs auteurs étrangers ayant fait des études et recherches sur l'espagnol au Cameroun ont trouvé des facteurs essentiels qui sont à l'origine de l'intérêt croissant de l'apprentissage de l'espagnol au Cameroun. Parmi ces auteurs, nous avons Fátima González, Marta Martínez Hernando, Cesar Dopico. Ils s'appuient sur:

- La langue espagnole n'a pas le statut de langue coloniale comparée à l'Allemand, le Français ou l'Anglais;

- Le développement des moyens de communication a facilité l'accès aux informations sur l'Espagne ;

- L'Espagnol est une langue romaine très proche du Français.

Ainsi, l'intérêt pour la langue espagnole au Cameroun ne cesse d'être croissant. Nous assistons dès lors à plus de volonté des uns et des autres, étudiants ou professionnels d'acquérir ladite langue.

A travers quelques situations de communications en espagnol avec le client, nous allons étudier les actions de quelques acteurs hôteliers.

III. SITUATIONS COMMUNICATIONNELLES AVEC LE CLIENT

1.ACOGER A UN CLIENTE CARA A CARA = ACCUEILLIR UN CLIENT FACE A FACE

Résumé du dialogue

Un client **A** arrive à votre hôtel, et se dirige à la réception. Il a réservé une chambre coté piscine et il veut être sûr que l'hôtel a pris en compte ses préférences !

Il rencontre la réceptionniste **B**

B: Holà, Bienvenido en nuestro hotel, esperábamos su llegada según su reservación; les deseamos una buena venida.

A: Muchas gracias señora; Necesito una habitación alrededor de la piscina, ¿es posible tenerla?

B: Si señor, hemos respetado su deseo apareciendo en la reserva, por favor rellena la ficha de policía.

B: Que tome su tarjeta, está en la habitación 516, en el quinto piso con una vista sobre la piscina.

A: Muchísimas gracias, ¡Hasta pronto!

Photo d'une réceptionniste accueillant les clients face à face

Source : *@shutterstock.com*

2.ACOGER A UN CLIENTE POR TELEFONO = ACCUEILLIR UN CLIENT AU TELEPHONE

Vous êtes à votre poste de travail et votre téléphone sonne, comment gérez-vous l'appel au téléphone ?

Résumé du dialogue : Le client réserve pour son épouse et lui ainsi que leurs deux enfants âgés chacun de 15 et 6 ans.

A est le réceptionniste et B le client.

A: Holà señor ¿qué puedo hacer para usted?

B: Tengo una reserva para el día 26 de junio, dos personas, mi mujer y yo, con dos chiquitos, uno de 6 años, y el otro de 15 años, ¿es posible reservar dos habitaciones juntas?

A: Si, si es posible, tenemos disponibilidad para este día. ¿Cómo queréis pagar las habitaciones?

B: Muchas gracias por su rapidez y disponibilidad de las habitaciones, queremos pagar con VISA

A: Vale, confirmamos la reservación.

B: Muchas gracias, ¡Hasta luego!

Photo d'une réceptionniste souriante accueillant un client au téléphone

Source : *@shutterstock.com*

3.DESARROLLAR Y LISTAR UN VOCABULARIO PROFESSIONAL ESPANOL-FRANCES = DEVELOPPER ET

LISTER UN VOCABULAIRE PROFESSIONNEL ESPAGNOL-FRANÇAIS

Pour cette rubrique, bien vouloir retrouver plus haut le vocabulaire lié à l'hôtellerie ; une liste non exhaustive vous est donnée pour votre plus grande découverte et satisfaction.

4.SABER MANEJAR LAS SITUACIONES DE CONFLICTO, SABER COMPROMETER Y SABER CONVENCER = GERER LES SITUATIONS CONFLICTUELLES, SAVOIR AMENER DES COMPROMIS ET SAVOIR CONVAINCRE

Résumé du dialogue

Un client mécontent de son séjour s'adresse à la réception avant son départ de l'hôtel et décide de ne plus revenir à cause d'une erreur d'attention sur ses avantages en tant Membre fidèle de votre marque ! que faire ?

A pour le Client

B pour vous le Responsable de Restauration

A: No estoy contento de su servicio, soy un cliente fiel desde hace 15 años y es la primera vez que veo algo así; no han tenido en cuanta mis preferencias; a mí no me gusta el limón, y lo habéis puesto en mi comida.
¿Es posible obtener explicaciones?

B: Por favor señor, que me permite presentarme a usted, soy señor Enrique Adams, Responsable de Restauración del hotel.

En lugar de la Dirección y de todo el personal del hotel, le presentamos nuestra viva desolación en cuanto a lo que usted ha vivido en nuestro restaurante. Como acción directa para resolver esto, Usted no va a pagar por esta nota. La Dirección del Hotel le ofrece un desayuno gratuito para su próximo viaje en el hotel.

A: El cliente se calma; su respiración baja y dice, gracias señor, me alegre mucho; por favor que tal acontecimiento nunca se repite;

B: Os aseguro que no se repetirá tal acto.

A: ¡Gracias, hasta la próxima vez!

<u>Photo du client mécontent X s'adressant au Responsable du Restaurant.</u>

<u>Source</u> : @shutterstock.com

5.ADQUIRIR INFORMACIONES CULTURALES PARA ACOGER A UN CLIENTE, INFORMAR, DISCUTIR CON LOS CLIENTES EXTRANJEROS = SE MUNIR DES CONNAISSANCES CULTURELLES POUR ACCUEILLIR,

INFORMER, ET DIALOGUER AVEC DES CLIENTS ETRANGERS

Cette partie fait plus référence aux connaissances générales du réceptionniste, du serveur, de la femme de chambre, bref de l'hôtelier en général puisque tous les services accueillent les clients d'une manière ou d'une autre. Il ou elle doit avoir une culture générale poussée des autres pays, des autres peuples mais aussi une parfaite maîtrise des langues étrangères pour accueillir avec efficacité le client. Pour mieux répondre aux attentes de ce type de clientèle, il est recommandé de s'intéresser à leur culture pour mieux les comprendre et adapter son comportement à leurs attentes. De plus, il est requis d'adopter une attitude positive même si certains comportements vous surprennent et il est à noter que près de 70 % de la communication passe par votre attitude. Prenons l'exemple d'un client USA qui vient d'arriver à l'hôtel. Ici il y va des aptitudes linguistiques de l'hôtelier, il doit s'exprimer en anglais, pour pouvoir entrer en contact avec le client. De prime à bord, il est à noter que la clientèle américaine, par son éloignement culturel avec l'Afrique en général et le Cameroun en particulier, présente des particularités auxquelles il est important de pouvoir s'adapter. Ces particularités pourraient aider à mieux appréhender et comprendre les spécificités, comportements et attentes des touristes américains et donc, à mieux les accueillir.

En 2016, la croissance de l'économie américaine est restée soutenue (+2,6%), stimulée par la consommation privée, la faiblesse des taux d'intérêts et le dynamisme des créations d'emplois. Les Etats-Unis se distinguent ainsi des autres économies occidentales et confirment une situation bien plus stable. Ce contexte économique favorable influe positivement sur les voyages des Américains à l'étranger.

Esquissons un dialogue en langue anglaise avec notre client américain et le Directeur de l'hôtel.

A pour le client américain (Ms ASHTON BROOK)

B pour le Directeur de l'hôtel (Mr EDWIN PRINGS)

B: Welcome to our hotel Ms ASHTON BROOK/ Bienvenido en nuestro hotel señora ASHTON BROOK

A: Thanks Mr Edwin PRINGS/ Gracias Sr Edwin PRINGS

A: We were expecting you as we saw your booking/ Esperamos a la señora ya que hizo sur reserva tras internet

B: Yes i did a booking online, can i have my room as required? / Si hizo mi reserva en línea, ¿es posible obtener mi habitación ahora?

A: Yes Ms, but kindly give us a guarantee or the means of payment to guarantee your booking/ Si señora, pero, necesitamos una garantía de reservación antes de todo

B: Please this is my AMEX CARD, you can charge it/ Si esto es mi carta AMEX ustedes podéis cargarla

A: Thank you Ms, this is your room number / Gracias señora, esto es su tarjeta y su número de habitación

B: Thank you Mr Edna, see you soon/ Gracias Edna, nos vemos.

Source : *@shutterstock.com*

<u>Photo de notre client américain et du Directeur de l'hôtel</u>

NB : Un client qui est accueilli en sa langue de départ et avec aisance est plus à même de revenir dans votre hôtel, il sait qu'il n'y aura pas de barrière linguistique, alors il est confiant et fidèle à votre marque.

Les langues sont des moteurs de connexion pour les peuples, les nations, les pays, les continents.

6.COMPRENDER Y RESPONDER A TODOS LOS TIPOS DE CORREOS = COMPRENDRE ET REPONDRE A TOUS LES TYPES DE COURRIERS

Grâce à ce manuel, l'apprenant sera à même de comprendre et répondre aux lettres, emails, plaintes, réclamations. Un résumé d'une situation de réponse à des mails d'un client X à vous le Responsable des Réservations. Le client est un espagnol qui a besoin d'une réponse après avoir envoyé son mail.

Mail du client espagnol: *Holà ! Soy señora Sandora Lisa, he reservado una habitación en su hotel por el periodo del 27 hasta el 29 de junio. Vendré con el vuelo de AIR FRANCE a las 9H30 de la tarde. Necesitaré un coche. ¿Cuál es el precio del coche?*

Bonjour, je suis Mme Sandora Lisa, j'ai effectué une réservation sur votre site pour la période du 27 AU 29 Juin, j'arrive par le vol AIR France à 21H 30, merci de me réserver la navette. Quel est le prix de la navette svp ? Mme Vannier.

Réponse du Responsable de Réservations: Querida Señora Sandora, nos alegre mucho su correo electrónico. Confirmamos la reserva de su habitación; Ofrecemos un servicio gratuito en cuanto al transporte, que

confirmamos, por lo tanto. Lo esperamos dentro de poco.
¡Hasta pronto señora!

Traduction en français : Chère madame Sandora, nous vous remercions de votre sollicitude et vous confirmons votre réservation. Nous offrons un service de navette gratuite et confirmons ainsi votre navette. Nous vous attendons. A très bientôt Madame !

Photo d'une Responsable de Réservations à son poste

Source : *@shutterstock.com*

7. COMPRENDER LAS NECESIDADES EXPLICITAS E IMPLICITAS DE LOS CLIENTES Y SABER REFORMULARLES EN ESPANOL = COMPRENDRE LES BESOINS EXPLICITES ET IMPLICITES DE LA CLIENTELE ET SAVOIR LES REFORMULER EN ESPAGNOL

Les clients lorsqu'ils arrivent nouvellement dans un pays et sollicitent un hôtel national ou international ont parfois du mal à s'exprimer, beaucoup lorsque leurs attentes sont mises à dure épreuve préfèrent ne pas s'adresser à la réception de l'hôtel durant leur séjour et vont se plaindre sur Tripadvisor ou Google ; d'autres encore vont se plaindre à leur société s'ils sont pris en charge par leur société. Raison pour laquelle nous devons anticiper leurs besoins, afin de résoudre à temps des éventuelles requêtes !

Schéma de l'action : Une cliente descend de l'ascenseur vêtue de chapeau et lunettes de soleil, elle semble désorientée et cherche la voie qui mène à la piscine !

Vous en tant qu'hôtelier, avant qu'elle ne s'adresse à vous, devez comprendre et anticiper son besoin.

A pour le client

B pour le barman

B: ¿Por favor señora, esta ud buscando la piscina? ¡Que se vaya por aquí, a la derecha tiene el restaurante y detrás del restaurante más lejos ud puede ver a la piscina!

A: ¿Ooooo me encanta mucho, como ud sabe que me gustaría ir a la piscina?

B: Su expresión señora, estaba ud mirando a la derecha y a la izquierda, y vestida con una toalla, he deducido que ud busca la piscina.

A: Muchas gracias

Photo de la cliente à la piscine

8.SABER RESPETAR LAS CONSIGNAS DE SECURIDAD E HIGIENE = SAVOIR FAIRE APPLIQUER LES CONSIGNES DE SECURITE ET D'HYGIENE

<u>**Cas 1 avec l'agent de sécurité**</u>

Résumé du dialogue :

Vous arrivez à l'hôtel et l'agent de sécurité doit procéder à votre identification et surtout à veiller à la sécurité, la vôtre mais aussi celle des autres clients et des employés qui sont dans l'hôtel.

A: el cliente

B: el agente de seguridad

B: ¡Holà, bienvenido en nuestro hotel! ¿Puede usted levantar las manos?

A: Holà, si si (et vous le client vous vous exécutez. L'agent de sécurité procède au contrôle de la tête au pied avec son thermo flash, il vérifie votre température, rappelons que nous sommes à l'ère du Corona Virus).

B: Vamos a averiguar también sus bolsas y todo lo que usted tiene. (Il récupère vos valises qu'il introduit dans la machine scanner de contrôle).

A: De acuerdo, podéis averiguar lo todo.

B: Gracias, todo está correcto, podéis entrar en el hotel.

A: ¡Muchas gracias señor agente, hasta pronto!

Photo d'un agent de sécurité contrôlant un véhicule client

Source : *@shutterstock.com*

Cas 2 avec l'agent de salubrité

Résumé du dialogue : Vous arrivez dans votre chambre et vous rencontrez une femme de chambre au couloir. Vous avez avec vous un sac poubelle que vous voulez jeter mais vous ne voyez pas d'espace indiqué au couloir.

A: el cliente

B: la mujer de habitación

A: Buenos días señora, ¿por favor donde puedo devolver estos paquetes sucios?

B: Hola señor, puede usted después de haber instalado sus bolsas, cuando el señor regresara en la recepción, pedir a la recepcionista mostrarle donde puede devolverles. Tenemos una basura en el hall de la recepción.

A: Gracias señora, pero yo no voy a regresar ahora mismo, ¿usted puede ayudar me?

B: Si, vengo lo voy a hacer, era para explicarle que estamos muy respetuosos a propósito de la salubridad en nuestro hotel. Por favor que me dé su paquete.

A: ¡Muchísimas gracias!

Photo d'une femme de chambre au couloir de l'hôtel

Cas 3 avec le Responsable Technique ou le technicien

Résumé du dialogue :

Le client est dans votre hôtel depuis deux semaines. Quelques ampoules se sont grillées et le coffre-fort ne fonctionne plus. Depuis sa chambre il compose le numéro de la réception car il a besoin d'un technicien.

A : Pour le client

B : Pour le réceptionniste

C : Pour le technicien

A: Hola, ¡por favor necesito la ayuda de un técnico! La caja fuerte y las bombillas no funcionan; ¿pueden enviarme uno?

B: hola señor Almenzo, llamamos al técnico del día, dentro de poco.

A: Gracias, espero.

B: (le réceptionniste appelle le technicien qui se dépêche d'aller aider le client) Franck, tenemos un cliente quien está quejándose a propósito de la caja fuerte y de las bombillas que no funcionan! venga a ver rápidamente por favor.

C: Hola señor, soy el técnico, la recepción me ha llamado, ¿tenéis problemas de caja fuerte y bombillas?

A: Si, por aquí, se trata de estas bombillas; (le client présente les ampoules grillées au technicien).

A: Algunos minutos después, el cliente está contento.

Le client est satisfait de la promptitude à laquelle son besoin a été géré!

Photo d'un technicien en service

Source : @shutterstock.com

9.LEER, INTERPRETAR Y BUSCAR SOPORTES DE INFORMACIONES PARA GUIAR AL CLIENTE = LIRE,

INTERPRETER ET RECHERCHER DES SUPPORTS D'INFORMATION POUR RENSEIGNER LA CLIENTELE AVEC AISANCE

Il s'agit ici pour l'hôtelier d'avoir assez de connaissances fournies par des guides, annuaires et horaires mis à sa disposition, afin de guider le client en quête d'espace de loisirs, visite, détente, découverte !

Résumé du dialogue

Un client se rapproche de vous et souhaiterait se rendre à la galerie d'art le plus proche !

A : pour le client

B : pour le serveur

A: ¿Hola señor Bernardin, me gustaría ir a la galería de arte más próximo del hotel, lo tenéis aquí?

B: Si señor, cuando sale del hotel, toma el patio a su derecha, anda 5 km y a su izquierda se detiene una pequeña galería de arte

A: Muchísimas gracias

B: ¡Me alegre señor ayudarle!

Photo d'un monument artistique

10.COMPRENDER Y SABER RELLENAR LOS FORMULARIOS TIPOS ESPECIFICOS DE LA HOTELERIA = COMPRENDRE ET SAVOIR REMPLIR LES FORMULAIRES TYPES SPECIFIQUES AU METIER DE L'HOTELLERIE

Nous faisons allusion ici aux fichiers des stocks, commandes, consignes etc.

<u>Résumé du dialogue</u>

Vous êtes le Responsable des stocks et un fournisseur se pointe à vous et a respecté l'heure de votre rdv mais pas toutes les commandes que vous lui avez passées !

A pour le fournisseur

B : pour le Responsable de stock

A: Buenos días Eric, tengo bebidas que dejaros esta mañana.

B: ¡Aaaa siiiii, bienvenido Edwin, vale, depósitale por aquí! ¿Has respectado toda la pedida? Hemos pedido 10 bastidores de cerveza MUTZIC, 5 de BEAUFORT, 04 de COCA COLA y 02 de SPRITE.

A: Por lo momento no tenemos lo todo, tengo aquí 08 bastidores de Mutzic, 03 de Beaufort, 04 de Coca Cola y 02 de SPRITE como han comandado.

B: No pasa nada, vamos a hacer con lo que existe. Tendré que modificar el orden (bon de commande).

A: Vale, de acuerdo.

B: Nos vemos dentro de poco, te enviaré un correo electrónico.

Photo de fiche des stocks

Date	Numeros de bons	ENTREES			SORTIES			STOCK		
		Quantité	Prix unitaire	Montant	Quantité	Prix unitaire	Montant	Quantité	Prix unitaire	Montant

11. COMO RELLENAR LAS FICHAS DE INFORMACIONES DEL CLIENTE USANDO UN VOCABULARIO CONCISO Y APROPIADO = COMMENT REMPLIR LES FICHES CARDEX EN UTILISANT UN VOCABULAIRE CONCIS ET APPROPRIE

Résumé du dialogue

Un collègue est nouveau et c'est sa deuxième semaine de travail. Vous devez lui apprendre à remplir la fiche de cardex d'un client correctement.

A : le nouveau collègue

B : Vous le collègue expérimenté

B: Hola Andrea, ¿cómo estás? ¿Y el día, has bien empezado?

A: Si, estoy bien gracias Fernande, por favor tengo dificultades en rellenar el cardex de este cliente, ¿puedes ayudarme?

B: ¡Claro que siiiii, me encanta mucho ayudarte! ¿Dónde está la dificultad?

A: Te explico: ya he empezado con rellenar el apellido y el nombre del cliente, también su ciudad y país donde viene, me quedan los correos electrónicos y su cumpleaños.

B: Fácil, ¡en un clic te lo voy a mostrar!

A: Gracias, muchísimas gracias colega mía.

Photo de fiche cardex

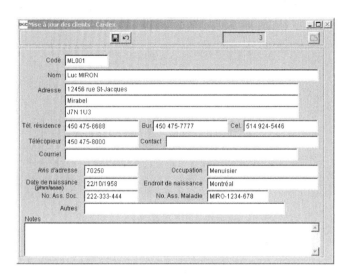

12. COMMENT COMMUNIQUER AVEC LES AGENCES DE VOYAGES, LES CENTRALES DE RESERVATION, LES TOURS OPERATEURS EN UTILISANT UN VOCABULAIRE SPECIFIQUE AU TOURISME ET PROPRE EN ESPAGNOL

Résumé du dialogue

Une agence de voyage BOOKING.COM vous relance au sujet d'une réservation d'un client qui a modifié ses dates de réservation.

A: la dame de l'agence

B : Vous le Responsable de Réservations

Photo d'un canal de réservation

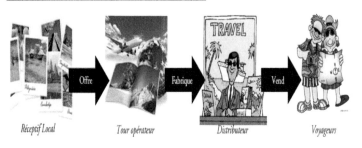

Réceptif Local   Tour opérateur   Distributeur   Voyageurs

A: Buenas tardes señora, Me llamo Teresa de la agencia Booking.com del departamento de las reservaciones. Tenemos una reservación con las referencias siguientes GGHLK-TRTPNO, y el cliente quiere cambiar su fecha de llegada. Al inicio era por el 07 de Julio y el fin el 10 de Julio. Ahora nuestro cliente quiere cambiar por la llegada el 08 de Julio debido a una anulación del vuelo. ¿Será posible o no?

B: Hola señora Teresa. Bien recibido. Si podemos cambiar la fecha de llegada sin problema.

A: Gracias, ¿y nos costará algo?

B: No señora Teresa.

A: Gracias, ¿cómo se llama ud por favor?

B: Soy la señora Isis, Responsable de Reservaciones.

A: Gracias Isis, encantada, ¡Hasta pronto!

IV. LE CARACTERE VITAL DE L'ESPAGNOL DES AFFAIRES

A travers quelques procédés d'apprentissage (jeux de rôles interactifs) de l'espagnol pour les professionnels, il en ressort que les langues sont considerées comme les identités culturelles de chaque société. Elles ont plusieurs fonctions mais la plus importante est la fonction vitale. Sans un contact préalable, il est impossible d'ouvrir un dialogue. Certains linguistes tels que Albert Schleicher cité par Malmberg Bertil (1985: 13) pensent à cet effet que :

« las lenguas son como los animales y las plantas, nacen, crecen, envejecen y mueren. »

A travers cette citation, l'auteur veut tout simplement nous amener à prendre en compte le caractère vital des langues car elles sont comme des animaux voire des plantes qui naissent, grandissent et meurent. Dans ce sillage, il devient incontournable de ne pas voir en les langues un caractère humain, indispensable pour les hommes, ainsi que pour la communication entre les hommes.

Ce caractère vital des langues met en relief sa pratique face à d'autres langues présentes dans la même sphère géographique. En rapport à ce critère, il est propable de faire face à des contacts linguistiques réguliers qui ouvrent des portes à de nouvelles explorations linguistiques.

Aussi, il est possible dans l'apprentissage de l'espagnol des affaires par les professionels de rencontrer quelques difficultés pendant le processus, mais il en ressort toujours que l'apprenant brise ces barrières et arrive à aller au-delà de ses craintes. Le linguiste Corder (1967:167) pense à cet effet que :

« Les (erreurs) sont indispensables à l'apprenant lui-même parce que l'on peut considérer le fait de faire des erreurs comme un moyen que l'apprenant utilise pour apprendre. C'est

112

une façon que l'apprenant a de tester ses hypothèses sur la nature de la langue qu'il est en train d'apprendre. Le fait de faire des erreurs est donc une stratégie utilisée aussi bien par les enfants qui acquièrent leur langue maternelle que par ceux qui apprennent une langue étrangère ».

V. L'IMPACT DE L'ESPAGNOL DES AFFAIRES DANS LE DEVELOPPEMENT DE L'HOSPITALITE AUGMENTEE

Avant d'aborder cette entité dans ce manuel, il est bon de rappeler l'importance de la langue première (L1) de l'hôtelier, celle qu'il a apprise en premier, et de manière chronologique au moment du développement de sa capacité de parler. Première langue ne signifie pas toujours la langue la plus utile ou la plus prestigieuse et seconde langue d'apprentissage ne signifie pas langue secondaire ! De ce fait cette langue espagnole des affaires apprise que nous nommons ici (L2) serait définit telle qu'il suit par Martinez Pierre (1996 : 20) comme:

« *Toute langue qu'il aura apprise ensuite, par exemple à l'école et non plus dans le milieu proche ou il a été élevé* ».

Ducoup, cette langue (L2) regorge d'un impact encore plus considérable dans le developpement de ses capacités en tant que professionnel. Elle devient importante dans sa carrière, car s'il recherche à renforcer ses aptitudes langagières, alors il se pose un souci d'élévation voire de maîtrise de nouveaux marchés ! Oui désirer se former en espagnol des affaires ouvre bien des portes à de potentiels nouveaux clients, donc à un nouveau porte feuille qui accroîtra le rendement en chiffre d'affaire de l'entreprise !

Et si nous terminions en définissant quelques termes clés qui nous ont été utiles tout au long de la rédaction?

VI.   QUELQUES DEFINITIONS UTILES

1. **La langue de départ**

En géneral on l'appelle langue source ou L1. Sa définition en didactique peut etre remplacée par LM-Langue Maternelle ou langue première de l'apprenant.

2. La langue maternelle

Le Dictionnaire de didactique du francais, CUQ 2003 rend difficile sa définition à cause des terminaisons plurielles et des connotations étendues. Cela fait référence ici à :

1. L' ordre de l' acquisition

2. L'ordre du contexte.

3. La langue cible

Dans la terminologie contrastive, elle designe la langue étrangère ou seconde L2. Il s'agit ici de l'espagnol des affaires, apprise par les professionnels de l'hôtellerie.

POUR NE PAS CONCLURE

Les conversations interactives à travers des jeux de rôles permettent de mieux s'équiper pour l'apprentissage de l'espagnol surtout dans un contexte professionnel comme celui-ci. Parler espagnol devient alors aisé et rapide avec des acteurs fictifs mais que vous pourrez rendre physique à votre guise, en répétant les actions chez vous librement.

Les professionnels de l'hôtellerie, les étudiants de la filière Hôtellerie et Management, les voyageurs et tous les amoureux de la langue espagnole trouveront dans ce manuel une participation de l'auteure à l'éclosion de l'espagnol au Cameroun mais également outre-frontières.

BIBLIOGRAPHIE SOMMAIRE

1. ALMEIDA (d'), Fernando (2012): *En une seule phrase nombreuse*, Paris, Edilivre.

2. BELINGA, Bessala (1996): *Didáctica aplicada a la formación del profesorado y a la enseñanza del español como lengua extranjera*, Madrid, Ed. Lothan.

3. CORDER, Stephen Pit (1967) : " Que signifient les erreurs des apprenants" in *Grammaire et didactique des langues*, Andalu, Universitesi yayin

4. MALMBERG, Bertil (1985): *Los nuevos caminos de la lingüística*, 16ª Ed. Méjico, Siglo.

5. MARTINEZ, Pierre (1996): *La didactique des langues étrangères*, Paris, PUF.

6. SHAKAN, Peter (1990) : *Individual differences in second language learning*, London, Edward Arnold.

7. WEINREICH, Uriel (1974): *Lenguas en contacto*, Caracas, Universidad Central de Venezuela.

FIN DE L'EXERCICE

Ceci est votre livre ! Gardez-le à votre portée !

Ma double casquette d'hôtelière (Reservation Manager et Accor Training Leader Middle East and Africa) m'a apporté une grande expérience dans le monde du travail, et surtout dans le Management Hôtelier.

A la rencontre d'une clientèle plurilingue et multi frontières, j'ai jugé opportun d'élaborer ce guide sommaire qui retrace de manière assistée une journée de travail bien remplie d'un professionnel de l'hôtellerie. De quoi apporter ma modeste contribution à tous ceux qui souhaiteraient apprendre la langue espagnole aisément !

Bonne lecture !

DU MEME LECTEUR DISTRAIT

Articles scientifiques:

La modélisation quinaire de Grégoire Biyogo: une révolution scientifique in *Mélanges offerts au Pr. Grégoire Biyogo, père de la modélisation quinaire*, (2014), Paris, Ed. Imhotep.

En préparation:

I. Articles scientifiques:

1. *Préstamos léxicos del español y del francés en estudiantes hispanófonos de la Universidad de Duala-Camerún (article rédigé entièrement en espagnol).*

2. *Aux origines kamites des langues latines: les mots espagnols CRISTO, MESÍI, MARÍA, JESÚS inspirés de la langue mère le mdw ntjr.*

II. Thèse de Doctorat/ Ph.D

Las interferencias léxicas y sintácticas del francés y del inglés en aprendices hispanófonos de las universidades estatales de Camerún: nacimiento de un habla híbrido, el hispafranglés camerunés.

Université de Douala, Cameroun. (Thèse entièrement rédigée en espagnol).

D'origine béninoise et de nationalité camerounaise, Afiavi-Isis d'ALMEIDA est Ecrivaine, Chercheure, Doctorante de l'Université de Douala/ Cameroun et titulaire d'un Master en Langue et Linguistique espagnoles. Après dix ans de service au sein du groupe Accor, (Ibis Douala), l'auteure a pensé utile d'offrir un manuel d'espagnol pour les professionnels de l'hôtellerie, les voyageurs mais aussi les étudiants en filière Hôtellerie et Management. A la suite de quelques articles scientifiques rédigés par l'auteure, ce manuel, le tout premier, vient en appui aux professionnels de l'hôtellerie qui souhaiteraient apprendre la langue espagnole. A travers des jeux de rôles interactifs, l'auteure amène l'apprenant ou le lecteur à vivre des scènes captivantes d'une journée de travail d'un professionnel de l'hôtellerie.

Un manuel didactique de poche à tenir de près, et qui ouvre des perspectives d'une acquisition linguistique plus aisée et plus participative.